A

Ann Patchett

Aus Liebe zum Buch

Aus dem
amerikanischen Englisch
von Marion Hertle

Atlantik

Ende Februar 2012 sitze ich in meinem Keller – einem eigentlich wirklich schönen Teil des Hauses, dem das Wort Keller nicht gerecht wird. Nur für diese Geschichte möchte ich ihn »Parnassus Fulfillment Center« nennen. Ich habe 533 in Kisten verpackte, gebundene Exemplare meines letzten Romans *Fluss der Wunder* von Parnassus, der Buchhandlung in Nashville, die zur Hälfte mir gehört, in mein Auto geladen, sie durch die Stadt gefahren (dreimal hin und dreimal wieder zurück) und sie hinab ins Parnassus Fulfillment Center geschleppt. Zusammen mit den Hardcovern habe ich auch unzählige Taschenbuchausgaben meiner früheren Romane mitgebracht. Ich signiere all diese Bücher und staple sie auf einem riesigen, sehr stabilen Tisch. Dann hole ich mir Hilfe: Patrik und Niki aus dem Laden, meine Freundin Judy und meine Mutter. Wir bilden eine Kette, nehmen die Bestellungen von der Website des Buchladens, beschriften Adressetiketten, schreiben kleine Dankesgrüße, die wir in die signierten Bücher stecken, schlagen sie dann in Luftpolsterfolie ein, kleben sie zu und verpacken sie als Postsendung.

Dabei entwickeln wir einen Rhythmus, haben ein System, und alles läuft ziemlich rund, bis auf die Bestellungen, die wir von der Website nehmen. Es ist mir ein Rätsel, dass die Liste, egal wie viele Bestellungen ich lösche, nicht kürzer wird. Wir alle arbeiten beständig weiter, aber es geht nicht voran, und ich bin mir sicher, irgendwas läuft richtig schief. Immerhin haben wir diese Website erst seit einer Woche, und wer könnte schon behaupten, wir wüssten, was wir da tun? »Wir wissen, was wir tun«, sagt Niki, und Patrik, der die Website erstellt hat, stimmt ihr zu. Sie erklären mir, dass die Liste nicht kürzer wird, weil immer noch weitere Bestellungen eingehen.

Vielleicht haben Sie gehört, dass unabhängige Buchhandlungen dem Untergang geweiht sind, dass Bücher tot sind und auch, dass das Lesen ausstirbt. Dazu kann ich nur sagen, schnappen Sie sich einen Stuhl, mein Freund. Ich muss Ihnen eine Geschichte erzählen.

Der Grund, warum ich in meinem Keller Bücher signiere und verpacke, ist, dass mehr Bestellungen eingegangen sind, als der Laden bewältigen kann. Und der Grund, warum so viele Bestellungen eingegangen sind, ist, dass ich ein paar Tage zuvor Gast bei der Show *The Colbert Report* war. Nach einer kontroversen Diskussion über Buchhandlungen versus Amazon hielt Stephen Colbert ein Exemplar meines Buches in die Kamera und forderte Amerika dazu auf, es bei Amazon zu bestellen, woraufhin ich – ohne eine Sekunde darüber nachzudenken (denn so bin ich heutzutage unterwegs: ohne eine Sekunde nachzudenken) – rief: »Nein! Nein! Nicht bei Amazon. Bestellen Sie bei Parnassusbooks.net, und ich signiere es für Sie!« Und Amerika nahm mich beim Wort und bestätigte damit ein für allemal, dass es den sogenannten »Colbert Bump«, also das Phänomen, dass ein Auftritt oder eine Erwähnung in der Show die Popularität von Personen oder Produkten immens steigert, wirklich gibt. Das erklärt, wie ich im Keller gelandet bin, aber beantwortet nicht die eigentliche und große Frage dahinter: »Was hatte eine Autorin von literarischen Romanen, deren ›neues‹ Buch schon vor zehn Monaten erschienen ist, überhaupt im *Colbert Report* zu suchen?« Holen Sie mal kurz Luft, denn ab hier wird es wirklich bizarr: Ich war nicht als Autorin in die Show eingeladen, sondern weil ich eine berühmte unabhängige Buchhändlerin bin.

Also zurück zum Anfang der Geschichte.

Ein Jahr zuvor gab es in Nashville zwei Buchläden. Einer war Davis-Kidd, unser heißgeliebter, ortsansässiger, unabhängiger Einzelhändler, der allerdings vor zehn Jahren an die aus Ohio stammende Buchhandelskette Joseph-Beth Booksellers verkauft wurde. Joseph-Beth verlegte Davis-Kidd in ein Einkaufszentrum, vergrößerte ihn auf 2700 Quadratmeter Verkaufsfläche und stellte Windspiele, Kaffeetassen und Duftkerzen vor die Auslagen. Wir sprachen weiterhin von unserer »lokalen unabhängigen Buchhandlung«, obwohl wir wussten, dass das nicht mehr stimmte. In Nashville gab es außerdem einen Borders, der ungefähr genauso groß war wie Davis-Kidd und sich am Rande des Campus der Vanderbilt University befand. (Der Vollständigkeit halber sollte ich hinzufügen, dass Nashville ein paar wirklich wunderbare Antiquariate hat, von kultig bis überwältigend. Aber obwohl sie eine wichtige Rolle im kulturellen Gefüge der Stadt spielen, haben sie eine andere Funktion – vielleicht aber auch nur aus der Perspektive von jemandem, der vom Bücherschreiben lebt.) Es gibt einen Barnes & Noble, zu dem man bei wenig Verkehr mit dem Auto zwanzig Minuten braucht, einen Books-a-Million am westlichen Ende der Stadt bei einem Costco und einen Target, der ebenfalls Bücher verkauft. Zählen die? Nicht für mich, nein, und auch nicht für die anderen Buchkäufer in Nashville, die ich kenne.

Im Dezember 2010 wurde Davis-Kidd geschlossen. Er war lukrativ, erklärten die Besitzer aus Ohio, die

die ganze Kette auflösten, aber eben nicht lukrativ genug. Dann, im Mai 2011, verschwand unser Borders – der ebenfalls Gewinn gemacht hatte – zusammen mit allen anderen Borders-Buchläden, weil das Unternehmen insolvent war. Eines Morgens wachte Nashville auf und hatte plötzlich keine Buchhandlung mehr.

Wie konnte das nur geschehen? Hatten uns die E-Books auf Abwege geführt? Hatten wir uns vom Gesang der Sirenen, den alles unterbietenden Preisen Amazons, abwerben lassen? Waren wir leichtfertig mit diesen Orten umgegangen, die Vorlesestunden für unsere Kinder organisierten, Autoren zu Lesungen holten und Tische mit Sommerbüchern zusammenstellten, und hatten sie nicht genügend unterstützt? Unsere ganze Stadt erging sich im kollektiven Zähneknirschen und Haareraufen. Aber inwiefern traf Nashville überhaupt eine Schuld? Beide Buchläden, die schließen mussten, hatten Gewinne eingefahren. Trotz der Tatsache, dass beide Buchhandlungen so groß waren wie kleine Warenhäuser und hohe Mieten einspielen mussten, hatten sie jeden Monat schwarze Zahlen geschrieben. Die Leute aus Nashville – das soll deutlich werden – haben Bücher gekauft.

Nashvilles Stadtbibliothek organisierte Bürgerversammlungen, damit sich engagierte Anwohner treffen und diskutieren konnten, wie die

Stadt wieder zu einem Buchladen kommen könnte. Unsere Bibliothek war sofort zur Stelle – und dafür werde ich ihr ewig dankbar sein –, um die Lücke zu füllen und verwaisten Autoren (inklusive mir), für deren Lesereisen schon längst ein Auftritt in Nashville eingeplant war, einen Ort zur Verfügung zu stellen. Sie nahm sich so gut wie möglich aller Probleme einer Stadt an, in der es keine Buchhandlung mehr gibt. Irgendjemand schlug sogar vor, einen kleinen Buchladen in der Bibliothek zu eröffnen, allerdings erschien mir der Plan, Bücher in den Räumen verkaufen zu wollen, in denen man sie umsonst bekommt, nicht besonders logisch. Irgendjemand, dachte ich, musste doch eine Buchhandlung eröffnen.

Insgeheim war es aber so, dass ich diese warenhausgroßen Gargantuas nicht sehr vermisste. Den Laden, der mir wirklich fehlte, gab es schon viel länger nicht mehr. Mills hieß der Buchladen meiner Jugend. Meine Schwester und ich sind dort jeden Tag nach der Schule hingegangen, haben uns erst die Welpen in der Zoohandlung gegenüber angesehen und dann die glänzenden Umschläge der *Kristin Lavranstochter*-Reihe bewundert – was Mädchen eben so lesen, wenn sie mit *Unsere kleine Farm* durch sind, damals, lang bevor die *Twilight*-Bücher geschrieben wurden. Mills kann nicht viel größer als 60

Quadratmeter gewesen sein, und die Leute, die dort arbeiteten, kannten dich und merkten sich, was du liest, auch wenn du erst zehn Jahre alt warst. Wenn ich so einen Buchladen erschaffen will, der Bücher und ihre Leser höher schätzt als Muffins und schicke Plastikgießkannen, einen Laden, der nicht den Anspruch hat, jedes Buch auf Lager zu haben, das jemand suchen könnte, und deshalb mit den Büchern bestückt ist, die das Personal gelesen hat und empfehlen kann, wenn ich das Bücherglück meiner Kindheit wiedererschaffen will – dann war vielleicht *ich* genau die Richtige dafür. Oder vielleicht auch nicht. In den Einzelhandel zog es mich so sehr wie zum Militär.

»Du bist wie eine richtig gute Köchin, die denkt, sie sollte ein Restaurant eröffnen«, sagte mir mein Freund Steve Turner beim Essen. Ich hatte Steve um Rat gefragt, weil er ein gutes Händchen dafür hat, Unternehmen zu gründen, und folglich auch ein gutes Händchen fürs Geldverdienen. Er sprach mit mir, als müsse er einen Selbstmörder überzeugen, vom offenen Fenster wegzugehen. »Und abgesehen davon hast du schon einen Job.«

»Ich hatte nicht vor, selbst im Buchladen zu stehen.«

Er schüttelte den Kopf. »Glaub nur nicht, dass du ein Unternehmen gründen kannst, indem du es jemand anderem übergibst. Das klappt nie.«

Ehrlich gesagt war ich nach diesem Essen erleichtert. Ich hatte das Orakel befragt, und das Orakel hatte mir gesagt, dass meine Idee eine schlechte war, was ich offenbar hatte hören wollen.

Und tatsächlich hatte ich Steve Turners Warnung im Ohr, als ich mich in der folgenden Woche mit Karen Hayes traf. Unsere gemeinsame Freundin Mary Grey James hatte uns einander vorgestellt. Karen war damals Vertreterin für Random House und Mary Grey für Harcourt. Beide hatten bei Ingram, einem Buchgroßhändler in der Nähe Nashvilles, gearbeitet. Die große, bleiche Karen, die mit ihrer sehr ernsthaften Art an Pilger, Siedler oder andere unermüdlich schuftende Menschen erinnerte, hatte vor, eine Buchhandlung zu eröffnen. Ihr Plan war es, ihren Job zu kündigen und sich ganz diesem Projekt zu widmen. Nur das Geld fehlte ihr. Ich, der es nie in den Sinn gekommen war, ins Buchgeschäft zu investieren, und die auch gar nicht gefragt worden war, schlug vor, dass ich für den Laden bezahlen und Werbung machen könnte. Karen und ich wären beide Teilhaberinnen und Mary Grey die Geschäftsführerin, was außerdem die Lösung für das Problem wäre, wie ich einen Buchladen *führen* könnte, ohne tatsächlich darin zu *arbeiten*. Über unseren Sandwiches bastelten wir uns einen provisorischen Plan zurecht.

Dann zog Karen eine Broschüre aus ihrer Tasche und reichte sie mir.

»Er heißt Parnassus Books«, sagte sie.

Ich besah mir das Wort. Es erschien mir schwer zu buchstabieren und noch schwerer zu merken. Ich schüttelte den Kopf. »Das gefällt mir nicht«, sagte ich. Wie viele Leute wussten schon, was es bedeutet? (In der griechischen Mythologie ist der Berg Parnassos die Heimat der Musen, der Göttinnen der Künste, der Literatur, der Bildung und Musik, und ich glaube, noch von ein paar anderen wertvollen Dingen.) Ich hatte mir einen Namen wie *Sein eigener Herr* nach dem großartigen Roman von Halldór Laxness über Island und Schafe oder vielleicht *Roter Vogel-Bücher* vorgestellt, weil ich der Meinung war, dass man einfache Namen, vor allem mit einer Farbe darin, leichter im Kopf behält.

»Ich wollte schon immer einen Buchladen, der Parnassus heißt«, sagte Karen.

Ich sah mir diese Frau an, die ich nicht kannte, meine potenzielle Geschäftspartnerin. Mir ging es doch darum, dass Nashville einen Buchladen bekam. Warum sollte ich den Namen auswählen? »Du wirst diejenige sein, die dort arbeitet«, sagte ich zu ihr.

Nachdem ich mit meinem Mann darüber gesprochen und von Mary Grey noch ein wenig mehr über Karen erfahren hatte, rief ich sie noch am selben Abend an. Laut Karens Aufstellung wären 300 000 Dollar nötig, um einen Laden mit 230 Quadratmetern zu eröffnen. Ich sagte ihr zu. Das war am 30. April 2011; zwei Wochen später sollte ich nach Großbritannien zu der Lesereise für meinen Roman *Fluss der Wunder* aufbrechen. In den USA begann die Tour am 7. Juni. Karen würde bis zum 10. Juni für Random House arbeiten. »Soll ich unsere Neuigkeiten auf der Lesereise bekanntmachen?«, fragte ich sie. Mir war klar, dass ich den ganzen Juni über täglich etliche Interviews geben würde. Sollte ich den Leuten sagen, was wir beim Mittagessen ausgeheckt hatten? Dass wir einen Namen hatten, der mir nicht gefiel, und Geld auf der Bank, aber uns kaum kannten?

»Klar«, sagte Karen nach einem wirklich langen Zögern. »Ich schätze schon.«

Wenn ich jetzt auf all das zurückblicke, wird mir ganz schwindlig angesichts der Freude, die damals jeglichen Geschäftssinn ersetzte – diese ganz große Geste, zum Roulettetisch zu gehen und alles auf eine Zahl zu setzen. Jeder, dem ich von diesem Plan erzählte, musste mich als Allerserstes daran erinnern, dass Bücher tot sind, dass es in zwei Jahren (keine Ahnung, woher diese »zwei Jahre« kamen, aber diese Zahl wurde mir immer wieder um die Ohren gehauen) keine Bücher mehr geben wird, und Buchläden noch viel weniger, und ich genauso gut Tonbänder und Schreibmaschinen verkaufen könnte. Aber irgendwie hat sich diese ganze Schwarzmalerei nie wirklich in meinem Kopf festgesetzt. Ich sah alles so klar und deutlich vor mir, wie ich mich neben meiner Schwester in der Mills-Buchhandlung stehen sah. Immerhin war ich ja Schriftstellerin, und meine Bücher verkauften sich ziemlich gut. Ich sprach mit unzähligen enthusiastischen Lesern im ganzen Land, und diese Leser waren mir Beweis genug. Außerdem hatte ich Karen Hayes an meiner Seite, die ausgestattet war mit der eisernen Entschlusskraft einer Frau, die ein Feld roden und es selbst bestellen kann. Meine gute Freundin Mary Grey war meine andere Geschäftspartnerin, und sie hatte immerhin schon einmal eine Buchhandlung eröffnet. Darüber hinaus hatten unsere beiden riesigen, geschlossenen Buchhandlungen jeden Monat Gewinn gemacht; die Roulettekugel sprang immer wieder hoch und weiter, bis sie schließlich genau auf der Zahl zu liegen kam, auf die ich gesetzt hatte.

Bald würde ich zu meiner USA-Lesereise aufbrechen, aber Karen und ich schafften es noch, uns verschiedene Ladenlokale anzusehen, und waren dabei unterwegs wie das frisch vermählte Paar einer arrangierten Heirat auf der Suche nach ihrer ersten Wohnung. Wir wussten nicht, was dem anderen gefiel, und unsere Gespräche waren seltsame Unterhaltungen mit langen, seltsamen Pausen. Ein Laden hatte nur vernietete Kanthölzer anstelle von Wänden, eine einsame Kloschüssel lag auf der Seite mitten in dem dunklen Raum. Karen sah hier Potenzial. (Karen, das wurde schnell klar, konnte viel schneller erkennen, ob etwas Potenzial hatte, als ich.) Sie entdeckte es auch in Restauranträumen, die seit vier Jahren leer standen. Wir arbeiteten uns vorsichtig zur Küche durch, wobei wir den Strahl unserer Taschenlampen über schmierige Kühlschränke und Herde gleiten ließen. Als Kind hatte ich hier mal gegessen und mich schon damals geekelt. Außerdem war es riesig. »Vielleicht könnten wir uns mit jemandem zusammentun, der eine Kochschule eröffnen will«, meinte Karen mit Blick auf die wuchtigen Gerätschaften. Wir waren für alles offen. Ich war mir sicher, dass einige der Männer, die uns diese Räume zeigten, beim Vorsprechen für kleine Nebenrollen bei den *Sopranos* oder in *Glengarry Glen Ross* gescheitert waren, aber trotzdem weiter dafür übten. Des Öfteren war ich nicht unglücklich, wenn es keinen Strom gab, weil ich damit rechnete, Dinge zu entdecken, die ich nicht sehen wollte. Ich wünschte mir einen blitzblanken

Laden, komplett bezugsfertig, vorzugweise mit eingebauten Regalen aus Kirschbaum. Karen dagegen war auf etwas Günstiges aus. Die Räume, die uns beiden am besten gefielen, hatten mal ein Sushi-Restaurant beherbergt und unterlagen einem Zurückbehaltungsrecht. Als sich der Geschäftsführer endlich zu einer Antwort herabließ, bestand sie nur aus der Verkündung, dass Buchläden tot seien und er uns die Räume um keinen Preis vermieten würde.

Und so brach ich ohne Ladenlokal oder Eröffnungstermin zu meiner Lesereise auf und verkündete am ersten Tag in der *Diane Rehm Show*, dass ich zusammen mit meiner Partnerin Karen Hayes eine unabhängige

Buchhandlung in Nashville eröffnen würde. Ich ließ alle Details offen, aber wenn ich nach dem Namen gefragt wurde, schaffte ich es, *Parnassus* zu sagen.

Gleich zu Beginn meiner Tour bekam ich einen Anruf von *The Beveled Edge*, einem Rahmen-Geschäft, bei dem ich seit langem Kundin war. Sie fragten mich, ob sie mein neues Buch verkaufen sollten. Meine Änderungsschneiderei, *Stitch-It*, schloss sich an. Ich war sehr dankbar, dass ich den Menschen in meiner Heimatstadt Orte nennen konnte, wo mein Buch zu bekommen war, aber das machte mir umso deutlicher, wie sehr ein richtiger Buchladen fehlte. *Parnassus* war eine gute Idee für Nashville, ja, aber meine Bücher zu verkaufen war auch in meinem eigenen Interesse.

Fluss der Wunder war mein sechster Roman und mein achtes Buch, und obwohl ich schon oft auf Lesereise war, brachte diese eine ganz neue Zielsetzung mit sich. Ich fuhr von Buchhandlung zu Buchhandlung, um zu lesen und zu signieren, klar, aber ich war auch unterwegs, um zu lernen. Ich wollte wissen, wie viel Quadratmeter ein Laden hatte und wie viele Teilzeitangestellte, und wo waren eigentlich diese hübschen Grußkarten her? Buchhändler wachen nicht über ihre Geheimnisse, sie sind ein großzügiges Völkchen, sie nahmen mich schnell in ihrer Runde auf und geizten nicht mit Ratschlägen. Mir wurde empfohlen, wann immer es möglich war, Waren von der Decke zu hängen, denn Kunden kaufen gerne Dinge, an die ohne eine Leiter nicht dranzukommen ist. Die Kinderbuchabteilung sollte unbedingt ganz hinten im Laden sein, denn wenn die Eltern abdrifteten und zu lesen begannen, konnte ihr Nachwuchs eingefangen werden, bevor er aus dem Laden gestürmt war. Ich bekam Tipps zu Buchhaltung, Bonussystem, Mitarbeiterempfehlungen und Webseiten genannt.

Während ich von Stadt zu Stadt flog, ging Karen im Süden auf Beutezug und kaufte zu Tiefstpreisen Regale von verschiedenen Borders-Filialen, die aufgelöst wurden. Ich hatte ihr vor meiner Abreise einen Scheck über 150 000 Dollar ausgestellt und fragte immer wieder nach, ob sie mehr Geld brauchte. Nein, sie brauche nichts.

Am Ende des Sommers entschieden sich Karen und ich schließlich für ein ehemaliges Sonnenstudio, ein paar Häuser von einem Donut-Laden und einem Maniküresalon entfernt. Im Gegensatz zu den bisherigen Maklern handelte es sich bei dem, der diese Immobilie verwaltete, um einen sehr geschäftstüchtigen Buddhisten, der das Gefühl hatte, ein Buchladen könnte seine L-förmige Einkaufsmeile veredeln. Zu diesem Zweck war er sogar dazu bereit, die Rechnung für die Entfernung der Bodenfliesen zu übernehmen. Die Räume waren lang und tief, und die Decke war viel zu hoch, um auch nur davon zu träumen, Dinge von dort herabhängen zu lassen. Die Sonnenbänke wurden abgeholt, aber das Schild über der Tür blieb uns lächerlich lange erhalten: TAN 2000. Ich reiste nach Australien zu einer weiteren kleinen Lesereise und musste Karen die ganze Arbeit aufbürden.

Die Botschaft hatte sich bis auf die südliche Halbkugel verbreitet. In Australien wollten alle nur noch über den Buchladen sprechen. Journalisten aus Deutschland und Indien riefen mich an und fragten nach der Buchhandlung. Jedes Interview begann mit derselben Frage: Hatte ich es denn noch nicht gehört? Hatte es mir niemand gesagt? Buchläden seien tot. Dann aber erzählte mir ein Interviewer nach dem anderen von den Besonderheiten seiner Lieblingsbuchhandlung, und ich hörte zu. Sie sagten mir im Vertrauen und bei abgeschaltetem Mikrophon, dass sie glaubten, ich könnte Erfolg haben.

Langsam begriff ich, was für eine Rolle diese Interviews spielen konnten. Mit 30 hatte ich mir meine Miete mit Artikeln für Modemagazine verdient. Die *Elle* fand ich am rätselhaftesten, denn ihre Herausgeber bestanden darauf, Trends als Allererste zu erkennen. Redaktionsschluss der meisten Magazine ist drei Monate bevor die Hefte in den Kiosken zu kaufen sind, und es grenzte an Hellseherei, irgendwelche Trends ausmachen zu wollen. Irgendwann verstand ich, was alle anderen im Modebusiness längst wussten: Ein Trend ist das, was man einen Trend nennt. *Dieses Frühjahr werden die Fashionistas in Paris Fischgläser auf den Köpfen tragen.* In meinem Hotelzimmer in Australien überfiel mich diese Einsicht weniger als Erinnerung denn als Vision. »Die kleine, unabhängige Buchhandlung kommt zurück«, sagte ich den Reportern in Berlin und Bangladesch. »Das ist Teil eines Trends.«

Mit dieser Nummer zog ich durchs Land, und bei jeder Aufführung feilte ich am Manuskript und arbeitete die Feinheiten heraus: Alles wiederholt sich, erklärte ich. Die kleinen Buchläden hatten Erfolg und sind zu größeren Buchhandlungen geworden. Weil sie das Gewinnpotenzial erkannten, stiegen die großen Ketten ein und vernichteten die unabhängigen Kleinen; dann kam Amazon auf und vernichtete die Ketten. Jetzt, da wir jederzeit jedes Buch bestellen können, ohne uns vom Bildschirm wegzubewegen, merken wir, was wir verloren haben: eine Begegnungsstätte, zwischenmenschlichen Kontakt, die Empfehlung eines klugen Lesers im Gegensatz zu einem Computeralgorithmus, der uns sagt, was andere Kunden gekauft haben. Ich versprach jedem, der es hören wollte, dass sich aus dieser Asche der kleine, unabhängige Buchladen erheben wird.

Und was ist mit den E-Books, wollten die Journalisten wissen, wie können wir trotz E-Books überleben?

Also sagte ich ihnen, mir geht es darum, *dass* man liest, nicht *wie*. Die meisten unabhängigen Buchläden, sicher auch Barnes & Noble, schaffen es, E-Books über ihre Webseiten zu verkaufen. Diese E-Books können auf jedem Reader geladen werden, außer auf dem Kindle, der nur mit Amazon-Einkäufen funktioniert. Auf diese Weise kann man seinen Buchladen im eigenen Viertel unterstützen und das Buch trotzdem auf dem iPad lesen.

Wenn man es oft genug sagt, wird es wahr.

Wenn man es aufbaut, kommen sie auch.

In Melbourne trat ich bei einer Lesung mit Jonathan Franzen auf. Ich fragte ihn, ob er in unseren Buchladen kommen würde. Klar, sagte er, sehr gern. Unten in den Antipoden begann mein Gehirn in meinem Adressbuch zu blättern. Ich kenne jede Menge Autoren ...

In der Zwischenzeit hatten Karen und Mary Grey in Nashville Mitarbeiter eingestellt, und sie putzten alle gemeinsam immer wieder die eingelagerten Borders-Regale, während sie darauf warteten, dass die Farbe trocknete und der neue Boden eintraf. In einem Anfall von Optimismus hatten wir gehofft, den Laden am 1. Oktober zu eröffnen. Es fehlten immer noch ein paar Lampen, als wir schließlich am 15. November unsere Pforten öffneten. Wir hatten vergessen, Kleingeld für die Kasse zu besorgen, und ich rannte mit meinem Scheckbuch zur Bank. An diesem Morgen berichtete die *New York Times* über die Eröffnung von *Parnassus* zusammen mit einem Foto von mir – auf der Titelseite.

Stellen Sie sich folgendes Szenario vor: Eine Gruppe von hochbezahlten Beratern versammelt sich im Büro meines Verlages HarperCollins. Ihre Aufgabe ist es, sich zu überlegen, wie sie es schaffen, das Foto eines Schriftstellers (meines, zum Beispiel) auf die Titelseite der *Times* zu bekommen. »Sie könnte jemanden umbringen«, schlägt einer vor. Die anderen schütteln die Köpfe. »Das müsste schon jemand *sehr* Prominentes sein«, erwidert ein anderer. »Könnte sie nicht einen Bus mit Schulkindern entführen oder vielleicht das Schulsystem von New York reformieren?« Sie seufzen. Das würde nicht reichen. Sie gehen eine Liste von Verbrechen, Kunststücken und heldenhaften Taten durch, aber nichts davon ist Stoff für die erste Seite. Ich verspreche Ihnen eines: Auch wenn man sie für alle Ewigkeit in diesem Raum eingesperrt hätte – auf die Idee, dass die Eröffnung eines Buchladens mit 60 Quadratmetern in Nashville zum gewünschten Ergebnis führt, wären sie niemals gekommen.

Der Buchladen, der dann tatsächlich in Nashville entsteht, ist so schön, dass ich es gar nicht fassen kann. Während ich mir den ganzen Sommer lang den Mund fusselig geredet habe, hat Karen ihren Ideen freien Lauf gelassen. Sie hat den perfekten Buchladen in ihrem Kopf in einen realen Ort verwandelt, den man tatsächlich besuchen und an dem man Bücher kaufen kann. Jetzt wird mir klar, dass meine Geschäftspartnerin selbst eine Art Autorin ist. Sie kümmerte sich um jedes mühsame Detail und fügte alles zu einem Kunstwerk zusammen. Durch jede Farbwahl, jedes Schränkchen, jeden glitzernden, hängenden Stern hat sie eine Welt geschaffen, die ungleich viel mehr wert ist als die Summe ihrer großartigen Einzelteile, diese Art von Buchladen, an den sich Kinder erinnern, wenn sie alt sind. Parnassus trug – jetzt verstand ich es endlich – den perfekten Namen. Das hatte sie ja schon die ganze Zeit gewusst. Jedes Mal, wenn ich durch die Tür trete, denke ich, dass Karen der eine Mensch in meinem Bekanntenkreis war, der eine Buchhandlung eröffnen wollte, aber woher wusste ich schon von Anfang an, dass wir uns zusammentun mussten?

Am Tag der Eröffnung wollte das National Public Radio ein Interview im Laden machen. Sie wünschten sich Hintergrundgeräusche, aber zu viele Menschen machten zu viele Hintergrundgeräusche, und so mussten wir uns in eine Ecke des Lagerraums zurückziehen. Dann rief um 4 Uhr nachmittags *CBS This Morning* an. Ich würde innerhalb von zwei Stunden in ein Flugzeug steigen müssen, um am nächsten Morgen bei zu sein. Als wir unsere große Eröffnungsfeier am folgenden Samstag veranstalteten, ein Spektakel, das sich vom morgendlichen Marionettentheater bis zu Wein und Käse sehr spät am Abend zog, strömten geschätzte 3000 Nashviller in den Laden und verschlangen Bücher wie Heuschrecken, die durch ein Feld von Sommerweizen pflügen. Alle, die wir dort arbeiteten (normalerweise zähle ich mich nicht dazu, aber in diesem Fall war ich dabei), hatten so lange auf Kunden gewartet, dass wir, als sie schließlich kamen, gar nicht mehr damit aufhören konnten, ihnen zu sagen, was sie unserer Meinung nach lesen mussten. Noch ein Glückserlebnis, mit dem ich nicht gerechnet hatte: Dass ich Fremde davon überzeugen kann, ein Buch zu lesen, das mir am Herzen liegt. Die Regale, die wir gerade erst geputzt, getrocknet und befüllt hatten, waren erstaunlich leer. Karen rannte immer wieder nach hinten ins Büro, um Bücher zu bestellen, während ich auf eine Bank stieg und noch eine Rede hielt. Jeder lokale Fernsehsender kam, jede Zeitung aus der Gegend und sogar das *People*-Magazin. Ich wurde so oft interviewt, dass jemand, der auf dem Weg zu Donut Den an unserem Fenster vorbeiging, hätte denken müssen, dass wir das Derby gewonnen hatten, Krebs heilen konnten oder einen Weg zum Südpol gefunden hatten.

»Weißt du«, hatte ich im Vorfeld zu Karen gesagt, »es kann passieren, dass die Arbeit an dir hängenbleibt, und ich das ganze Lob einheimse. Das könnte echt ärgerlich werden.«

Aber sie wirkte überhaupt nicht beleidigt, weder im Vorfeld noch später in der omnipräsenten und unvermeidlichen Realität. »Mach du einfach deinen Job«, sagte sie zu mir, »und ich mache meinen.«

Mein Job ist zu etwas geworden, das ich mir nie hätte vorstellen können, und während Parnassus sicher davon profitiert, geht es gar nicht mehr nur um Parnassus. Ohne zu wissen, dass es so einen Job überhaupt gibt (ganz abgesehen davon, dass er frei ist), bin ich unabsichtlich zur Sprecherin für unabhängige Buchhandlungen geworden. Die Menschen lieben Bücher noch immer; das kann ich mit unseren Zahlen belegen. Ich stelle mir vor, dass sie sich mit derselben Zärtlichkeit an die Buchläden ihrer Jugend erinnern wie ich. Meistens stehen sie morgens schon vor dem Laden, wenn wir aufmachen, weil sie, glaube ich, durch diese Reise, auf der wir uns alle befinden, gelernt haben, dass der billigste Preis nicht immer der größte Wert ist. Parnassus Books bietet Arbeitsplätze in unserer Stadt und trägt zum Steueraufkommen bei. Wir haben einen Ort geschaffen, an dem Kinder lernen und spielen und diese zwei Dinge vielleicht sogar für ein und dasselbe halten. Wir haben ein Klavier. Wir haben einen Dackel. Zu uns kommen Autoren und lesen, man kann ihnen Fragen stellen, und sie signieren ihre Bücher. Das Geschäftsmodell mag altmodisch sein, aber ich mag es, und bislang funktioniert es.

Vielleicht funktioniert es auch nur, weil ich Schriftstellerin bin und weil Karen so hart arbeitet, als hinge ihr Leben an diesem Buchladen, oder weil wir wirklich ganz wunderbares Personal haben, oder weil Nashville eine Stadt ist, die besonders positiv auf alles Unabhängige reagiert. Vielleicht hatten wir auch einfach nur Glück. Aber mein Glück hat mich davon überzeugt, dass es möglich ist, den Kurs der Geschäftswelt zu ändern. Nicht Amazon trifft die Entscheidungen, sondern die Menschen können sie dadurch treffen, wie und wo sie ihr Geld ausgeben. Wenn Ihnen das, was eine Buchhandlung zu bieten hat, etwas bedeutet, dann kaufen Sie in einer Buchhandlung ein. Wenn Sie das Gefühl haben, dass die Erfahrung, ein Buch zu lesen, wertvoll ist, dann lesen Sie ein Buch. So verändern wir die Welt: Wir nehmen sie in die Hand. Wir verändern uns selbst.

Die Autorin

Ann Patchett ist eine der bekanntesten Schriftstellerinnen der USA. Sie schreibt Kurzgeschichten, Essays und Romane, die in mehr als 30 Sprachen übersetzt wurden. Für ihren Roman *Bel Canto* erhielt sie den PEN/Faulkner Award und den Orange Prize. Das *Time Magazine* setzte sie 2012 auf die Liste der 100 einflussreichsten Menschen der Welt. Ann Patchett lebt in Nashville, Tennessee.

Aus Liebe zum Buch erschien unter dem Titel
The bookstore strikes back zunächst 2012 in der
Atlantic Monthly und dann 2013 in Ann Patchetts
Essaysammlung *This is the Story of a Happy
Marriage* im Verlag HarperCollins, New York.

*Atlantik Bücher erscheinen im
Hoffmann und Campe Verlag, Hamburg.*

1. Auflage 2016

www.hoca.de *www.atlantik-verlag.de*
Einbandgestaltung und Einbandillustration:
Sarah M. Hensmann © Hoffmann und Campe
Gesetzt aus der Chapparal
Druck und Bindung: Kösel, Krugzell
Printed in Germany
ISBN 978-3-455-37028-7

HOFFMANN
UND CAMPE

Ein Unternehmen der
GANSKE VERLAGSGRUPPE

Bitte beachten Sie
auch die folgenden Seiten

Lesen und lesen lassen
Geschichten und Gedichte für Buchliebhaber
Herausgegeben von Daniel Kampa
Illustrationen von Nikolaus Heidelbach
240 Seiten, gebunden
ISBN 978-3-455-37011-9
Atlantik Verlag

Lesen und lesen lassen ist ein bibliophiles Lese- und Bilderbuch mit vielen Texten und Gedichten, phantasievoll illustriert mit über sechzig farbigen Bildern von einem der anerkanntesten und eigenwilligsten Illustratoren Deutschlands: Nikolaus Heidelbach. Hier liest auf einmal allerlei Getier, gibt es echte Büchermenschen mit bibliophilen Nasen und Augenbrauen, verwandeln sich Bücher in kuriose Gegenstände, werden Bücher zu Kunstwerken. Ein Buch für alle, die ohne Bücher nicht leben können. So schön kann lesen sein.

Christopher Morley
Das Haus der vergessenen Bücher
Aus dem Englischen von Renate Orth-Guttmann
256 Seiten, Taschenbuch
ISBN 978-3-455-65060-0
Atlantik Verlag

Roger Mifflin, ein Bibliomane, wie er im Buche steht, betreibt in Brooklyn eine Buchhandlung. Hier spuken die Geister der Literatur durch die Gänge, Rauchschwaden vernebeln die Luft, zwei junge Menschen verlieben sich, ein Buch verschwindet, und ein Spionagefall nimmt seinen Lauf.
Das Haus der vergessenen Bücher ist die wohl schönste Hommage auf den verrückten Beruf des Buchhändlers, ein Buch über die Liebe zu Büchern.

Das Lesen ist schön

Die besten Büchercartoons aus dem New Yorker

Herausgegeben von Daniel Kampa
und Florian Fischer
144 Seiten, gebunden
ISBN 978-3-455-37023-2
Atlantik Verlag

Die sonderbare Welt der Bücher – und derer, die damit zu tun haben: Seit 1925 ist der NEW YORKER ein Garant für scharfsinnigen Humor und treffsicheren Spürsinn für den Zeitgeist. Die stets unkonventionellen Zeichnungen des Magazins wurden schnell zum Markenzeichen eines der bekanntesten Kulturmedien des 20. Jahrhunderts. Charmant und selbstironisch nehmen die hier versammelten Cartoons den Literaturbetrieb und den Alltag eines jeden Lesers unter die Lupe und werden alle Buchliebhaber begeistern.

Bücher sind treu
Ein Bücher-Tagebuch
Herausgegeben von Daniel Kampa
Illustrationen von Nikolaus Heidelbach
224 Seiten, gebunden
ISBN 978-3-455-37009-6
Atlantik Verlag

Damit kein Leseabenteuer in Vergessenheit gerät

Leidenschaftliche Leser kennen das Problem: Wer viel liest, hat irgendwann Mühe, sich an das Gelesene zu erinnern, egal, wie sehr man ein Buch geliebt hat. Hier können Sie 50 Bücher festhalten, mit Angaben darüber, wo und wann Sie es gekauft haben (oder wer es Ihnen zum welchem Anlass geschenkt hat). Notieren Sie die schönsten Sätze, geben Sie Bewertungen ab und führen Sie Listen wie »Meine Lieblingsbücher« oder »Was ich noch lesen möchte«. Garniert mit Zitaten rund um das Lesen ist dieses handliche Büchertagebuch das perfekte Mittel gegen die *Amnesie in litteris* – den literarischen Gedächtnisschwund. Das perfekte Geschenk für alle Leserinnen und Leser.